सहरा में पानी

ग़ज़ल संग्रह

सतविन्द्र कुमार राणा 'बाल'

माता-पिता

और

ग़ज़ल को चाहने वाले हर शख़्स को दिल से....

क्रम-सूची

क्रम-सूची

क्रम-सूची

क्रम-सूची

क्रम-सूची

भूमिका

शाइरी में ग़ज़ल ऐसी सिन्फ़ है जो अपनी लताफ़त में अपनी शाइस्तगी में एक अलग ही पहचान रखती है, इसीलिये इसके चाहने वाले भी लातादाद हैं। कुछ इसके क़ारीं है तो कुछ मुशायरे में सामईन के तौर पर इससे राबिता बना लेते है तो कुछ हस्सास लोग ग़ज़ल कह कर इससे अपनी महब्बत का इज़हार करते है, मगर ग़ज़ल की मकबूलियत में कहीं कमी नहीं है। शुरूअ से ही ये सिन्फ़ अपने उरूज़ पर है। इसकी तारीख़ी तफ़सील पर न जाकर मैं आज के मौजूं पर बात करूँ तो कई नाम ज़हन मे उभरते है जो ग़ज़ल की रहगुज़र पर अपनी दमदार मौजूदगी से मील का पत्थर साबित हो रहे है इसके लिये तवील मश्क और मुतअला चाहिये और इसी राह में रफ़्ता रफ़्ता तिफ़्लाना कदम रखते हुए एक मक़ाम हासिल करने की कोशिश का नाम है "सहरा में पानी " जिसके ख़ालिक़ हैं सतविन्द्र कुमार राणा "बाल" अपका ये पहला शेरी मज्मूआ है जो ब उनवान "सहरा में पानी " मंज़र-ए-आ...शाइरी में ग़ज़ल ऐसी सिन्फ़ है जो अपनी लताफ़त में अपनी शाइस्तगी में एक अलग ही पहचान रखती है, इसीलिये इसके चाहने वाले भी लातादाद हैं। कुछ इसके क़ारीं है तो कुछ मुशायरे में सामईन के तौर पर इससे राबिता बना लेते है तो कुछ हस्सास लोग ग़ज़ल कह कर इससे अपनी महब्बत का इज़हार करते है, मगर ग़ज़ल की मकबूलियत में कहीं कमी नहीं है। शुरूअ से ही ये सिन्फ़ अपने उरूज़ पर है। इसकी तारीख़ी तफ़सील पर न जाकर मैं आज के मौजूं पर बात करूँ तो कई नाम ज़हन मे उभरते है जो ग़ज़ल की रहगुज़र पर अपनी दमदार मौजूदगी से मील का पत्थर साबित हो रहे है इसके लिये तवील मश्क और मुतअला

चाहिये और इसी राह में रफ़्ता रफ़्ता तिफ़्लाना कदम रखते हुए एक मक़ाम हासिल करने की कोशिश का नाम है "सहरा में पानी " जिसके ख़ालिक़ हैं सतविन्द्र कुमार राणा "बाल" अपका ये पहला शेरी मज्मूआ है जो ब उनवान " सहरा में पानी" मंज़र-ए-आम पर आ रहा है ।

इस मज्मूए का दीबाचा लिखने का जब मुहतरमा सतविन्द्र जी ने मुझसे इसरार किया तो आम ख़याल यही था कि ग़ज़ल कहने के हिसाब से आप का अदबी सफ़र कितना है फिर ख़ुद ही ये ख़याल भी आया कि कहीं न कहीं से तो आग़ाज़ किया जाएगा और बिना पानी में उतरे तैरने की बात बेमआनी होगी तो बस सतविन्द्र जी की इन ग़ज़लों से रू-ब-रू होता हुआ आपके साथ इस शेरी मज्मूए पर बात कर रहा हूँ।

सतविन्द्र जी के ग़ज़लों के सफ़र की बात करें तो ये आपका पहला ही मज्मूआ है तो उसी हिसाब से मैंने गजलों का मुतअला भी किया है । आपके कलाम को पढ़ते हुए मेरी नज़र में कई शेर आए जिनको मिसाल के तौर पर दे कर आपकी शेरी तबीयत और लहजे पर बात की जा सकती है मगर मैं इख़्तिसार से काम लेते हुए आपसे गुज़ारिशा करूँगा कि आप भी मेरी तरह इस शेरी मज्मूए को पढ़ कर लुत्फ़अंदोज़ हों। आप का अंदाज़-ए-बयाँ शुरूआती औराक़ में ही ज़ाहिर हो जाता है:

ज़ख़्मकिसेदेपाऊँगा

मैंमरहमकेजैसाहूँ

तो वहीं गजल का बुनियादी सलीका मतलब इशारों में आप अपनी बात को सीधी और सधी हुई ज़बान में कहने का हुनर भी रखते हैं:

समन्दर-सीछलकतीहैंयेआँखें

कोईतोज़ख़्मगहराहोरहाहै

आप की नज़र में सभी मौज़ूँ है आप ज़िंदगी की बात करते हैं तो क़ुदरत की भी बात करते हैं मतलब शायराना फ़ितरत अपने गिर्दा-ओ-पेश पर नज़र रखे हुए है । आप किसी दायरे में महूदद होकर शेर नहीं कहते बल्कि अहसास-ओ-तज्रिबात की तर्जुमानी करते है इसी लिये आपके कलाम में गैर प्रचलित रदीफ भी बहुत देखने को मिल जाएँगे औरत रदीफ से एक शेर मुलाहिजा फ़र्माएँ:

ज़रा-साप्रेमपाकरहीभुलादेददर्ददयहसारे

मुहब्बतकाहक़्क़ीक़ीदेखलोपैग़ामहैऔरत

आपकी ग़ज़लों में तमाम सामाजिक सरोकार हैं अल्फ़ाज़ की शाइस्तगी है तो लहजे की नरमी भी है और इस सलाहियत को आप अपने अदबी सफ़र में साथ लेकर चल रहे हैं । जैसा कि मैंने पहले कहा है कि यह आपका पहला शेरी मज्मूआ है तो उस लिहाज से फ़न्नी एतबार से कुछ कमियाँ हो सकती है मगर इस का मतलब ये भी नहीं लिया जाना चाहिये कि कोशिश ही न की जाए, क्योंकि कोशिशें ही रंग लाती हैं। देखिये इशारों में क्या खूब बात कही है जो कोशिश को मुस्तनद करती है:

हाथकोहाथसेछूलेनेसे

दिलकीसिलवटभीखुलगईहोगी

इस मज्मूए की वरक़ गर्दानी करते हुए मुझे यही लगा कि जो भी आपने अशआर में कहा है आपका अपना जिया हुआ अनुभव है इसी लिये कारीं को भी मुतअस्सिर करता है। इन तअस्सुरात के बयाँ के लिये आपने यूँ तो छोटी बड़ी सभी बहों पर तबअ आज़मई की है मगर छोटी बहों पर काम ज़ियादा किया है जो कि तुलनात्मक दृष्टि से थोड़ा मुश्किल भी है।

अपनी बात को ख़त्म करने से पहले एक दोस्ताना मशवरा इस भूमिका के हवाले से ग़ज़ल के चाहने वाले तमाम तालिब-ए-इल्म को देना चाहूँगा कि ग़ज़ल इशारों की सिन्फ़ है जो

कुछ भी कहना है सब कहा जा चुका है उसे नये तरीक़े से कहना ही हमारी चुनौती है, असातिजा का कलाम इस सफ़र में यक़ीनन हमारी रहनुमाई करेगा तो उर्दू अल्फ़ाज़ को इस्तेमाल करने के लिये उन की सहीह मालूमात और वज़्न के साथ, मुख़्तलिफ़ बहरों के साथ तबअ आज़माई करते हुए सफ़र पर तालिब-ए-इल्म गामजन हों तो यक़ीनन मंज़िल मिलेगी । इख़्तिताम-ए-सत्र में इन्सानी जज़्वात का आपका ही एक शेर पेश कर रहा हूँ, और दुआ करता हूँ कि आपका अदबी सफ़र दिनों दिन उन्नति की राह पर बढ़ता रहे । आमीन ।

आदमीकोआदमीहीअबसमझलेआदमी
आदमीयतकोज़मानेकेचलनतकलेचलो

रवि शुक्ल
12.06.2021
बीकानेर
9024323219

पावती (स्वीकृति)

कुछ, मनसे..

पढ़ने व सुनने का शौक होना आम तो है लेकिन अनोखी बात है। यह शौक चिंतन के दायरे को बढ़ाता है और संजीदगी को जिंदा रखता है। इसी शौक से संजीदा पाठक कलम को थामने की भी कोशिश करने लग जाता है। उस कोशिश की पृष्ठभूमि में कई शख्सियत अपना किरदार निभाती हैं। कोई और करे तो करे लेकिन ऐसी कोशिश करने वाला इन शख्सियत को नजरअंदाज नहीं कर सकता। अदब की दुनिया में मेरा ये लड़खड़ाता-सा पहला आज़ाद कदम है। लायक नहीं हूँ लेकिन लायक बनने की ओर रुक-रुक कर बढ़ रहा हूँ। अदब की दुनिया से रू-ब-रू करवाने के लिए जिसने पहली बार मेरी उंगली थाम कर रास्ता दिखाया, उन कांता रॉय का मैं हमेशा आभारी रहूँगा। गजल का ककहरा सीखने के लिए ओपेनबुक्स ऑनलाइन डॉट कॉम, उड़ान साहित्यिक परिवार, वाणी परिवार विशेष रूप से मार्गदर्शक और सहायक हैं। मैं ताउम्र इन मंचों एवं इनके सदस्यों से जुड़ा रहना चाहता हूँ। जिंदगी की सीख को शब्दों में ढाल पाने का हुनर ये मुझे भी सिखाते रहे हैं। इसके लिए मैं इनका शुक्रगुज़ार हूँ। स्व. दरवेश भारती जी को विशेष तौर पर याद करना चाहूँगा, जब वे थे तो उनके सुझाव उनकी पत्रिका के रूप में व्यक्तिगत रूप से भी मेरे पास पहुँच जाया करते थे। उनसे कभी-कभी संपर्क भी हो जाता था। उनकी शख्सियत को मैं सलाम करता हूँ। भाई जयनित कुमार मेहता ने पहली बार ग़ज़ल की मापनी को समझने में मदद की थी वह

वाकया मैं नहीं भूल सकता। उनका आभार प्रकट करता हूँ।

रवि शुक्ल 'बीकानेरी' साहब ने मेरे लिए न केवल कुशल उस्ताद की भूमिका निभाई है, बल्कि मेरी इस कोशिश की भूमिका के ज़रिए भी मुझे सचेत किया है। उनकी इस्लाह की रोशनाई से ही मेरे अल्फ़ाज़ को कुछ चमक मिल पाई है। उनका तहेदिल शुक्रिया।

अर्णव कलश एसोसिएशन समालखा पानीपत, साँझा साहित्य मंच करनाल, करनाल साहित्य मंच व अन्य मंचों की संचालक टीम जिन्होंने विविध कार्यक्रमों के जरिये मुझे सम्मान के मौके उपलब्ध करवाए मैं उनका शुक्रगुजार हूँ।

पढ़ना और लिखना दोनों ही समय मांगते हैं और यह समय कहीं न कहीं से कटौती कर के ही निकालना होता है। यह कटौती अधिकतर परिवार के ही हिस्से आती है, इसलिए बेटियाँ मानवी और ध्वनि और मेरी शरीक-ए-हयात मीनाक्षी का भी मैं शुक्रगुजार हूँ।

नोशन प्रेस जो इस कोशिश को सबके सामने लाने में अहम भूमिका निभा रही है, उसका तहेदिल शुक्रिया।

जिंदगी हँसाती है, रुलाती है, कभी-कभी कोई वाकया दिल को झिंझोड़ कर रख देता है। इस तरह जिंदगी कुछ न कुछ सीख देती हुई ही आगे बढ़ती है। एहसासों से ख्याल पैदा होते हैं और ख़्याल शेर या ग़ज़ल की शक्ल में ढलते हैं। मेरे एहसासों ने कुछ ख्यालों में तब्दील होते हुए ग़ज़ल बनने की कोशिश की है। यह कोशिश अब आप के हाथ में होगी। पसन्द आए तो प्यार, कमी नज़र आए तो इस्लाह जरूर दीजियेगा।

सतविन्द्रकुमारराणा 'बाल'
02/02/2023

1. जो बेचते हैं भूख

खलती रही अब तक हमें जिस साज की आवाज़ ही
अब कान में घुलती हुई अपनी तरफ हैं खींचती।
अब खा रहे हैं काग वो खाना किसी के श्राद्ध में
आते नहीं इंसान को गुरबत में जिसके ख़्वाब भी।
जो बेचते हैं भूख जनता को दिखा कर रोटियां
वो खुद सियासत में मजे से खा रहे हैं शीरनी।
दीपक बिकें तो फिर गरीबो का बने त्यौहार कुछ
बिजली से जगमग हो रही चारों तरफ दीपावली।
करके सितम इंसान पर तू जान क्यूँ है छीनता
जेहाद को बदनाम करती है तेरी दीवानगी।
जो मुल्क पर देते रहे हैं जान अपनी शान से
है फख्र के काबिल वही रणबांकुरे, माँ भारती
'राणा' तुम्हें भी हो चला है इश्क उन हालात से
जिसमें नज़र आती सभी को एक बस आवारगी

2. रहा जो हमेशा से दुश्मन हमारा

नहीं ये किसी को बताया हुआ है
कि इस दिल में तुमको बसाया हुआ है।
रहा जो हमेशा से दुश्मन हमारा
उसे भी गले से लगाया हुआ है।
जमाने को लगने न देंगे खबर भी
खजाना वफ़ा का छुपाया हुआ है।
कभी जुल्म करते नहीं जिसने सोचा,
वही वक्त का अब सताया हुआ है।
मुहब्बत वतन से 'बाल' की है कमाई
तहे दिल से इसको कमाया हुआ है।

3. गुरबत ने ओढ़ा

नहीं कम हुई मेरी उलझन किसी से
कहाँ मिल सका हूँ अभी तक खुदी से।
है गुरबत ने ओढ़ा ख़ुशी का ये चोला
बहकती है दुनिया लबों की हँसी से।
मुहब्बत बसाती है उन सब घरों को
उजाड़ा किसी ने जिन्हें दुश्मनी से।
मुलाकात होती जरूरी कभी तो
मुहब्बत बढ़ेगी तभी बानगी से।
सितारा करम का चमक जाए 'राणा'
तो मिट जाए गम सब तेरी जिंदगी से।

4. बढ़ रहा दर्द है

बढ़ रहा दर्द है औ दवा कुछ नहीं
फिर भी होठों पे तेरे दुआ कुछ नहीं।
मर मिटा एक मुफ़लिस किसी शौक से
पर अमीरी नजर में हुआ कुछ नहीं।
हौस्लों से बनें काम सब जान लो,
बुज़दिली से कभी तो बना कुछ नहीं।
बस तग़ाफ़ुल तेरा है बड़ा कीमती
इश्क से वास्ता अब रहा कुछ नहीं।
काम आलिम का होता बड़ा साथियो
सीखना उन बिना है हुआ कुछ नहीं।
हर तरफ इस कदर मच गयी खल बली
अब बड़े-छोटे में फासला कुछ नहीं।

5. सब्र है सबसे बड़ा जऱ

उसने नगमा एक गाया देर तक
ऐसे ही हमको सुनाया देर तक।
सब्र है सबसे बड़ा जऱ दोस्तो
आलिमों[1] ने यह सुझाया देर तक।
इश्क़ है वो रास्ता जो पाक है
सोच कर मन में बिठाया देर तक।
भाग उनके ही भले सब मानते
हो बड़ों का जिनपे साया देर तक।
भूख से तड़पा बहुत है यार वो
इसलिए उसने है खाया देर तक।
भूलने की सोच कर आगे बढ़ा
भूल मैं उसको न पाया देर तक।
साथ चलने की कसम खाता रहा
आस में मुझको चलाया देर तक
जो भी 'राणा' इस जहाँ से हो गया
बस भला ही याद आया देर तक।
[1] आलिमों: ज्ञानियों

6. जिंदगी वो डोर है

गर मरे उम्मीद फिर कुछ भी यहां बचता नहीं
छोड़ दें उम्मीद को ये फैसला अच्छा नहीं।
गर्दिशों में जी रही जनता ही सारी जब यहाँ
ऐश से क्यों हुक्मरां का टूटता नाता नहीं।
जिंदगी वो डोर है जिससे बँधा इंसान है
साथ उसका भी मगर होता हमेशा का नहीं।
मर मिटा है आज तू जिसकी हिफाज़त के लिए
बेवफा हमदम वो तेरी मौत पे आया नहीं।
कायदा-ए-जिंदगी होता जरूरी दोस्तो
कायदे को छोड़ दें तो कुछ भी फिर जीना नहीं।
एक मुफ़लिस गर सँभाले घर अमीरों का चले,
मुफलिसी का घर अमीरी से मगर चलता नहीं।

7. ये रोते को हँसाना चाहता है

ये रोते को हँसाना चाहता है
मेरा दिल बहाना चाहता है।
है जीना ठीक खातिर दूसरों की
यही सबको बताना चाहता है।
हमेशा से शरारत को जिया अब,
शराफत आजमाना चाहता है|
जर्मीं जो बर्फ रिश्तों पे दिखाई,
उसे कुछ तो गलाना चाहता है।
फ़िजा में फैलता है जो कुहासा,
उसे पूरा हटाना चाहता है।
पकड़ इंसानियत की राह 'राणा'
अगर खुद मुस्कराना चाहता है।

8. चल अकेला

यार गर फिर बावफ़ा हो जाएगा
प्यार मेरा फिर हरा हो जाएगा।
साथ मिल कोशिश करें सब ही सही,
तो जहाँ ये खुशनुमा हो जाएगा।
चल अकेला कर ज़रा-सा हौसला,
तेरे पीछे काफिला हो जाएगा।
राह हिम्मत से पकड़ सच्चाई की
साथ में तेरे खुदा हो जाएगा।
गर मुहब्बत हम करें कुदरत से कुछ,
पंछियों को आसरा हो जाएगा।
कट नहीं पाएगी मेरी जिंदगी
इल्म गर मुझसे जुदा हो जाएगा।

9. दिलको आज कमाने निकले

चाहत यार बढाने निकले
दिलको आज कमाने निकले।
जिनको समझ रहे थे अपना
आज वही बेगाने निकले।
घर छोड़ा अपनों को छोड़ा
बन कर बस अनजाने निकले।
तनहा राहें अपनी साथी
हमसे दूर जमाने निकले।
लब पर ले मुस्कान बताओ
कैसा दर्द छुपाने निकले।
जिनको समझा सबने पागल
देखो यार सयाने निकले।
अपना आपा ठीक नहीं है
गैरों को समझाने निकले।
दर्द नया यूँ ही लगता है
लेकिन जख्म पुराने निकले।
'राणा' बात भुलाकर गम की
सबको आज हँसाने निकले।

10. राज दिल के मुँह पे लाकर देखिए

बह रहे हो नद-से दम भर देखिये
चलते रहना पर ठहरकर देखिए।
राज दिल के मुँह पे लाकर देखिए
आज अपनों को बताकर देखिए।
जा रहे हो दूर हमसे रूठकर
थोड़ा-सा नजदीक आकर देखिये।
नफरतों से क्या किसी को कुछ मिला?
चाह दिल में भी जगाकर देखिये।
कुछ न हासिल हो सका चलके अलग
अब जरा-सा साथ चलकर देखिए।
मुश्किलों में भी ख़ुशी को पा लिया
मिटता उनके दिल का हर डर देखिये
मुश्किलें होती हैं सच की राह में
हौंसले से खुद को बस तर देखिए।
नेकनीयत हों अगर 'राणा' सभी
बरकतों से भरते फिर घर देखिए।

11. गरीबी के दिल में

गरीबी के दिल में है डर देख लेना
अमीरी की तिरछी नजर देख लेना।
नहीं तीरगी की हमें फ़िक्र कोई
नए हौसलों की सहर देख लेना।
जरूरत नहीं है अभी बोलने की
खमोशी जो लाए ग़दर देख लेना।
मेरा दर्द ही दर्द उनका बना है
मेरे अश्क उन गाल पर देख लेना।
सहारा बनोगे तभी फल वो देंगे
जरा खेत में भी शज़र देख लेना।
तुम्हें फैसलों से जो मिल जाए फुर्सत
व्यवस्था हुई है लचर देख लेना।

12. गुमाँ आता नहीं मन में

चला दुनिया को समझाने जो ख़ुद तकरार रखता है,
नहीं कुछ पूछ है घर में मगर अधिकार रखता है।
गुमाँ आता नहीं मन में कभी इक जीत को पाकर,
विजेता वह सही जो याद अपनी हार रखता है।
जिसे हर हाल जीने में मज़ा लेना यहाँ आता,
वही मुट्ठी में अपनी देख लो संसार रखता है।
ग़दर का जन्म होता जब जब्र की है इंतिहा होती,
खमोशी में ढकी कामिल यही ललकार रखता है।
सही में नारियल किरदार होता बाप का ए 'बाल'
दिखे वह सख़्त दिल में पर हमेशा प्यार रखता है।

13. बिना बात बातें

बिना बात बातें बनाता रहेगा,
सियासत में साहब घुमाता रहेगा।
निराशा को आशा बनाता रहेगा
तेरा दिल ये तुझको सिखाता रहेगा।
नहीं मैल मन से निकाला है जिसने,
वो नजरें हमेशा चुराता रहेगा।
मजा जिसको आता चिढ़ाने में सबको,
चढ़ाता रहेगा गिराता रहेगा।
नहीं भूल ये, नूर तुझमें बसा है,
तू तारों सा ही टिमटिमाता रहेगा।
फरेबों में जिसकी चली जिंदगानी,
वो हरदम किसी को सताता रहेगा।
नहीं जुल्म होते जिसे रास आते,
वो आवाज अपनी उठाता रहेगा।

14. कड़वा चाहे लगता हूँ

दिखता कुछ अंजाना हूँ
लेकिन बात समझता हूँ
कड़वा चाहे लगता हूँ
सच की रो में बहता हूँ।
सुख दुख के हर पहलू को
चुपके-चुपके सहता हूँ।
बोल रहा उनके आगे
जिनको सुनता आया हूँ।
काम बहुत करना मुझको
लेकिन मैं अलसाया हूँ।
जख्म किसे दे पाऊँगा,
मैं मरहम के जैसा हूँ
देख भुलाकर रंजो गम
गुल बनकर फिर महका हूँ।
जिससे धारा फूट पड़ी,
टूटा एक किनारा हूँ।
आँखों में क्या ढूँढ रहे
दिल के अंदर रहता हूँ।
राह सफर सब लंबे हैं
चलने को ही ठहरा हूँ।

15. प्यार के अहसास को

प्यार के अहसास को दिल की चुभन तक ले चलो
नफरतों को भूलकर फिर से मिलन तक ले चलो।
आदमी को आदमी ही अब समझ ले आदमी
आदमीयत को जमाने के चलन तक ले चलो।
बन नहीं सकती अगर सरकार खुद के जोर से
साथ लेकर औरों को इसके गठन तक ले चलो।
भूख से तड़पे न कोई ठण्ड से काँपे नहीं
रोटी कपड़ा हर किसी के अब बदन तक ले चलो।
छोड़ कर जिसको हूँ आया चन्द सिक्कों के लिए
याद आता है मुझे, मेरे वतन तक ले चलो।
छोड़ना तन को था मुश्किल बिन तेरे दीदार के
हो गया दीदार बस अब तो कफ़न तक ले चलो।

16. बात जो हो कहा कीजिए

बात जो हो कहा कीजिए
दिल में ही क्यों रखा कीजिए?
चार दिन की है ये जिंदगी
बस ख़ुशी से रहा कीजिए
जो बुराई करे आपकी
आप उसका भला कीजिए।
रूठना बात अच्छी नहीं
है गिला, तो गिला कीजिए
मिल गये जब जरूरत हुई
बे ग़रज भी मिला कीजिए।
जो अकड़ता है वो टूटता
'बाल' थोड़ा झुका कीजिए।

17. बिखरकर फिर इकट्ठा हो रहा है

बिखरकर फिर इकट्ठा हो रहा है,
जवाँ फिर से इरादा हो रहा है।
जिसे अपना समझते थे, न जाने,
वही क्यों अब पराया हो रहा है?
समन्दर-सी छलकती हैं ये आँखें
कोई तो ज़ख्म गहरा हो रहा है।
किसे जाकर सुनाएँ हाल अपना
हमारा शाह बहरा हो रहा है।
भरोसा टूटना लाज़िम हुआ अब
जहाँ का दौर झूठा हो रहा है।
दबाओगे तो लाज़िम ये उठेगी,
ज़ुबाँ पर सख़्त पहरा हो रहा है।

18. विष गले में रख सके

बस झुके हमको तो सबके सर मिले
बुत यहाँ भारी ज़माने पर मिले
काँच के जिनके बनें हैं घर यहाँ
हाथ में उनके ही बस पत्थर मिले।
विष गले में रख सके जग का सकल
है कहाँ मुमकिन कि फिर शंकर मिले।
दिल में अपने है धुआँ गम का बहुत
पर मिले जिससे भी हम हँसकर मिले।
फूल को कैसे समझ लें फूल जब
पास उसके ही हमें खंजर मिले।
मिल गया अब रहनुमा देखो नया
झोपड़ी को भी नया छप्पर मिले।

19. याद मेरी

उनको हिचकी सता रही होगी
याद मेरी दिला रही होगी
चैन दिल का खो गया होगा
आँसुओं को बहा रही होगी
फ्रेम कस के पकड़ लिया होगा
प्यार तस्वीर पा रही होगी
हौंसला काम कर गया होगा
पास मंजिल अब आ रही होगी
वक्त के साथ सब बदलते हैं
रुत यही तो सिखा रही होगी
भूख ने दूर कर दिए बच्चे
कैसे माँ मन लगा रही होगी ?

20. कर्ज़ ली है जिंदगी

कर्ज़ ली है जिंदगी हम क्या करें
क़िस्त भारी बोलो लमसम क्या करें
सब दिवाने हैं दिखावे के यहाँ
और' हुनर के दाम हैं कम क्या करें?
रौशनी ने दी है दस्तक देख लो
औ खड़ा है फिर भी ये तम क्या करें
बुलबुलों ने छोड़े जब से घोंसले
टहनियों की आँखें हैं नम क्या करें
पास है जो वो भी अपना कब यहाँ,
खो गया जो उसका ही गम क्या करें।
बैठकर सब 'बाल' गम थे बाँटते
सिलसिला वो कुछ गया थम क्या करें।

21. पत्ता जब शाख से

पत्ता जब शाख से गिरा होगा
दर्द कुछ तो उसे हुआ होगा
अब्र वो प्यास क्या बुझाएगा
जो धुएँ धूल से भरा होगा।
हाथ में जिसके आज पत्थर हैं
कौन कल उन का रहनुमा होगा?
सिर्फ बातें नहीं अमल भी हो
ऊंचा फिर तेरा मर्तबा होगा।
'बाल' सब दिल को साफ कर लेंगे,
तब तो हर जीव का भला होगा।

22. मजहब क्या दीवार है

कर्म करें तो बढ़ते सारे

बिना किये किस्मत भी हारे

रात चाँदनी और ये तारे

नहीं सुहाते बिना तुम्हारे

मजहब क्या दीवार है कोई

लिख डाले जो इतने नारे

रात अँधेरी से क्या डरना

हैं उम्मीदों के उजियारे

बीच भँवर में जीवन नैया

डोल रही,हैं दूर किनारे

खींचेगी फूलों की खुशबू

'बाल' शूल भी देखो प्यारे।

23. सहरा में पानी

किसी प्यासे को जीने का वहाँ अधिकार हो जाए,
अगर सहरा में पानी का ज़रा दीदार हो जाए।
ये गिरना भी सबक कोई सँभलने के लिए होगा
मिलेगी कामयाबी हौसला हर बार हो जाए
वफ़ा करके नहीं मिलती वफ़ा सबको यहाँ यारो,
किसी की जीत उल्फत में, किसी की हार जाए।
कहो खुलकर दबी जो बात दिल में आज तुम सारी,
ये अच्छा है हकीकत का सही इज़हार हो जाए।
खमोशी को हमेशा ही समझते हो क्यों कमजोरी?
यही गर्दिश में इंसाँ का बड़ा औज़ार हो जाए।
सितमगर सोच कर करना सितम तू और लोगों पर,
कहीं तेरी ख़ता ये उनका अब हथियार हो जाए।

24. नहीं पहले-सी चेहरे पे चमक

नहीं पहले-सी चेहरे पे चमक है,
हँसी में आपकी गम की झलक है।
नहीं आमाल में जिसकी है नीयत,
उसी की क़ामयाबी पर तो शक है।
कोई तो खेल में पानी बहाता,
कहीं पर प्यासा मरने की धमक है।
पहुँचना उसका ही होगा फलक तक,
नज़र जिसकी बहुत आगे तलक है।
रहेगी रात तन्हा, दिन अकेला,
हमारा साथ कुछ ही देर तक है।
उसे बंदिश भला क्या रोक पाए?
नजर में जिसकी ये सारा फलक है।

25. फरेबी तू जो बन पाया नहीं है

फरेबी तू जो बन पाया नहीं है
तभी सिक्का तेरा चलता नहीं है
नहीं नीयत में ही जब काम करना
कहे क्यों तू, मिला मौका नहीं है
ज़ुबाँ में सादगी उसकी झलकती
भले देहात में रहता नहीं है
जिया था तू वतन के वास्ते पर
शहादत का तेरी चर्चा नहीं है
सरे बाज़ार देखो झूठ बिकता
जो' बिक जाए वो' फिर सच्चा नहीं है
लिखी तकदीर हाथों से ही जाती
लकीरों में तो कुछ रक्खा नहीं है।

26. साथी उससे कोई खरा न हुआ

साथी उससे कोई खरा न हुआ,
साथ गम ने दिया जुदा न हुआ।
रोकती बस रही रज़ा तेरी,
हमने चाहा बुरा, बुरा न हुआ।
छल कपट से रहा कमाता जिसे,
ज़र यूँ ही बह गया तेरा न हुआ।
है हमेशा बनावटी रिश्ता,
जिसमें कोई कभी खफ़ा न हुआ।
डोर दिल की बँधी रही जिससे,
दूर है वह मग़र जुदा न हुआ।
जिंदगी को सही समझ न सके,
मुश्किलों से जो सामना न हुआ।
बंद आँखों से जो किया दीदार,
खोल कर ऐसा देखना न हुआ।

27. कोई झूठा बहाना

नहीं हमको जो भाता क्यों करें हम,
कोई झूठा बहाना क्यों करें हम।
हमीं से रौशनी है चार सू जब
तो बुझने का इरादा क्यूँ करें हम।
खमोशी की सदा अक्सर सुनी है,
न सुनने का बहाना क्यूँ करें हम।
हो झगड़ा आपसी सुलझाएँ खुद ही
ज़माने में तमाशा क्यों करें हम।
न होता झूठ का कोई ठिकाना,
फिर उसको ही तराशा क्यूँ करें हम।

28. उन्हें देखकर ये बदलने लगा

उन्हें देखकर ये बदलने लगा,
नहीं टिक सका दिल फिसलने लगा।
नदी से मिलन की घड़ी आ गयी,
समन्दर दिल भी मचलने लगा।
जमाने से मिलती रही ठोकरें,
उन्हीं की बदौलत सँभलने लगा।
लगा संग दिल ही था जो अब तलक,
वो किलकारियों से पिघलने लगा।
पड़ोसी लगाता रहा आग जो,
वही आज खुद देखो जलने लगा।

29. कभी जिसमें कहीं अड़चन नहीं है

कभी जिसमें कहीं अड़चन नहीं है,
हो कुछ भी वो मग़र जीवन नहीं है।
तराशा जाए तो पत्थर भी चमके,
तपाए बिन कोई कुंदन नहीं है।
बिना उलझे नहीं आता सुलझना,
मज़ा ही क्या अगर उलझन नहीं है।
अगर हैं जीतने की ख़्वाहिशें तो,
न सोचो हारने का मन नहीं है।
बहारें हर तरफ़ आने लगी हैं,
खिला इक बस मेरा गुलशन नहीं है।
नहीं अनबन, नहीं शिकवा ही कोई,
मगर ए 'बाल' वैसा मन नहीं है।

30. न तकरार समझी

न तकरार समझी न समझा गिला है,
बुरी आदतों का यही फाइदा है।
गलत ही तलाशा था मय में नशे को,
निगाहों में जबके नशा ही नशा है।
न अल्फाज कुछ भी बयां कर सकें हों,
जो दिल में बसा आँखों से दिख रहा है।
ये चेहरे पे रौनक न जाने है कैसे,
जिगर जबकि छलनी हमारा हुआ है।
किसी तिफ्ल के रूठ जाने से सीखें,
भुलाना किसी को अगर सीखना है।
बना लो मुहब्बत को औजार यारो!
शज़र नफरतों के अगर काटना है
क़मर पे चढ़ी जा रही है ख़ुमारी,
कहीं दूर सूरज कोई ढल रहा है।
करे जिंदगी झूठे वादे वफ़ा के,
क़ज़ा बिन हुआ क्या कोई बावफ़ा है।
धँसा पेट जिसका हुआ पसलियों में,
कहीं वो सड़क पर ख़ुशी बेचता है।

31. दीप चौखट पे कोई धर जाए

दीप चौखट पे कोई धर जाए,
रौशनी सब के ही भीतर जाए।
मौका मेहमाँ की मिले ख़िदमत का,
चार दिन घर में वो रह कर जाए।
देख कर अश्के नदामत कोई,
डूब ख़ुद में ही समंदर जाए।
भूख मिटती न कभी महलों की,
दर से भूखा ही कलन्दर जाए।
मेरे जज़्बात की गर्मी तौबा!
ज़ब्त1 मेरा न कहीं डर जाए।
छोड़ झगड़े को सुलह कर लें अब,
जिंदगी ये यूँ ही न गुज़र जाए।
1 *ज़ब्त: सहनशीलता*

32. बिन किसी बात

बिन किसी बात रूठ जाने का
क्या करें उनके इस बहाने का?
चैन मिलता है जिसको गम देकर
छोड़ता मौका कब सताने का।
जह देकर मिज़ाज पूछो हो
खूब है अंदाज आजमाने का।
यूँ भी दीपक कोई जले यारो
हक मिले सबको मुस्कुराने का।
मैल दिल से नहीं गया तो बोल
फाइदा ही क्या आने-जाने का।

33. यार मैं बे क़रार

उनका बस इन्तज़ार अच्छा था
यार मैं बे क़रार अच्छा था।
गम रहा जो क़रीब दिल के बहुत
वो ख़ुशी से हज़ार अच्छा था।
कौन कातिल था देख पाया नहीं
तेज़ नजरों का वार अच्छा था।
मेरी उम्मीद तो रही कायम
तेरा झूठा ही प्यार अच्छा था।
सौदा दिल का किया हमेशा ही
उनका वो रोज़गार अच्छा था।
देख कर जीत की खुशी उनकी
हारना उनसे यार अच्छा था।
खीझ कर माँ पसीजना तेरा
मार पर वो दुलार अच्छा था।

34. मोम नहीं जो दिल पत्थर है

मोम नहीं जो दिल पत्थर है
उसका चर्चा क्यों घर-घर है?
मंजिल को पा लेता है वो
जिसने साधी खूब डगर है।
लोग पुराने बात पुरानी
फिर भी उनका आज असर है।
देख! सँभलना उसने सीखा
जिसने भी खायी ठोकर है।
होठों पर मुस्कान भले हो
दिल में गम का इक सागर है।
माना सच होता है कड़वा
'राणा' कहता ख़ूब मगर है।

35. इश्क में, व्यापार में या दोस्ती में

इश्क में, व्यापार में या दोस्ती में
दिल दिया है हमने अपना पेशगी में।
बूँद भर भी आब काफी तिशनगी1 में
एक जुगनू भी है दीपक तीरगी2 में।
ठोकरें खाकर नहीं सीखा सँभलना
क्या मज़ा आएगा ऐसी जिन्दगी में।
दर्द, आंसू, बेबसी के बाद भी क्यों
मन रमा रहता हमेशा आशिकी में?
किस जमाने का है 'राणा' आदमी ये
जो मुहब्बत ढूंढता है आदमी में।

1 तिशनगी: प्यास
2 तीरगी: अंधेरा

36. बहाना ही बहाना चल रहा है

बहाना ही बहाना चल रहा है
बहाने पर ज़माना चल रहा है
बदलना रंग है फ़ितरत जहाँ की
अटल सच पर दिवाना चल रहा है
नही गम में हँसा जाता है फिर भी
अबस इक मुस्कुराना चल रहा है
निवाला बन गया अपमान मेरा
ये कैसा आबो दाना चल रहा है
वफा मेरी मुनासिब है तो फिर क्यों
अगन सेआजमाना चल रहा है
नहीं रिश्ता है पहले-सा हमारा
मग़र मिलना-मिलाना चल रहा है

37. बढ़े तो दर्द अक्सर टूटता है

बढ़े तो दर्द अक्सर टूटता है
अबस आँखों से झर कर टूटता है।
गुमाँ ने कस लिया जिस पर शिकंजा
भटकता है वो दर-दर, टूटता है।
नहीं गम घर मेरे आता अकेले
कि वो तो कोह बनकर टूटता है।
सुने गर चीख बच्चे की तो देखो
रहा जो सख़्त पत्थर टूटता है।
बजें बर्तन हमेशा साथ रह कर
भला इनसे कभी घर टूटता है।

38. कर्ज़ माटी का लहू देकर चुकाते हैं

बताना है सभी को हम हलाली का ही खाते हैं

जो भी है कर्ज़ माटी का लहू देकर चुकाते हैं

सियासत भी है अच्छी शय जिसे अक्सर बुरा माना

भले कुछ रहनुमा भी हैं जो सबके काम आते हैं

दिशा दक्षिण में सर्दी चल पड़ी मधुमास आते ही

चमन में गुल महक उट्ठे भ्रमर भी गुनगुनाते हैं

समझना है जरा मुश्किल भरोसा किस पे करलें हम

कभी अपने उठाते हैं कभी अपने गिराते हैं

सलामत किस तरह दुनिया रहेगी आज 'राणा' बोल

भुलाकर लोग यकजहती1 यहाँ नफ़रत बढ़ाते हैं।

_1_ यकजहती: मित्रता

39. हों न देखो वे दर-ब-दर

हो खुदा पर यकीं अगर यारो
फिर न पैदा हो कोई डर यारो।
जिंदगी ये मिली हमें जिनसे
हों न देखो वे दर-ब-दर यारो।
ख़ार से जो भरी रहे हर दम
इश्क है ऐसी ही डगर यारो।
दर्द लगता दवा के जैसा अब
ये मुहब्बत का है असर यारो।
जो न मंज़िल भी दे सके शायद
वो ख़ुशी दे रहा सफ़र यारो।

40. हमेशा तो नहीं होती बुरी तकरार की बातें

हमेशा तो नहीं होती बुरी तकरार की बातें
इसी तकरार से अक्सर निकलतीं प्यार की बातें।
नज़र मंजिल पे रक्खो तुम बढ़ाओ फिर कदम आगे
नहीं अच्छी लगा करतीं हमेशा हार की बातें।
अँधेरे में चरागों-सा उजाला इनसे मिल जाता
गुनी जाएं तज्रिबे1 के सही गर सार की बातें।
अलग हैं रास्ते चाहे है मंजिल एक पर सबकी
जो ढूंढें खोट औरों में करे वो रार की बातें।
सँभलने का, समझने का, सलीका आ यूँ जाता है
कि खुद की गलतियों के जो करें इकरार की बातें।
समझना चाहते हो मोल खुशबू का कहीं दिलबर
सुनो तुम ध्यान से पहले वहाँ के ख़ार की बातें।
_1 तज्रिबा: अनुभव_

41. रहेगी इश्क में बिस्मिल

रहेगी इश्क में बिस्मिल1 हमारी बेबसी कब तक
हमारा टूटना कब तक और उनकी दिल्लगी कब तक।
सिमटकर इक परिंदा जान अपनी दे ही बैठा है
शिकारी! तू पकड़ इस पे रखेगा यूँ कसी कब तक।
यहाँ लोमड़ बने बुद्धू, चले तरकीब गीदड़ की
चलेंगी और ये बातें बताओ बे तुकी कब तक।
अवामी सोच बढ़ने पर असर झूठा हुआ इनका
ये जुमलों की अरे साहब!, लगेगी यूँ झड़ी कब तक।
बड़ा तूफ़ान आयेगा लगा कर कान ये सुन लो
समंदर की जरा सोचो रहेगी ख़ामुशी कब तक।

1 बिस्मिल: आहत

42. उसी ने छू लिया है आसमाँ को

न जाने क्या हुई मुझसे ख़ता है
कि मेरा यार जो रहता खफ़ा है।
यूँ ही बदनाम हाकिम को हैं करते
यहाँ प्यादा भी जब जालिम बड़ा है।
जरा सींचो भरोसा तुम जड़ों में
शज़र रिश्तों का इन पर ही खड़ा है।
उसी ने छू लिया है आसमाँ को
परिंदा जो गिरा, गिर कर उठा है।
नहीं हमदर्द होता आदमी जो
सहारा गलतियों में दे रहा है।
अमा की रात में महताब आया
तुम आये तो हमे ऐसा लगा है।

43. हर ख़ुशी का इक ज़रीआ चाहिए

हर ख़ुशी का इक ज़रीआ चाहिए
ठीक हो वह ध्यान पूरा चाहिए।
दर्द को भी झेलता है खेल में
दिल भी होना एक बच्चा चाहिए।
जान लेना राह को हाँ ठीक है
औ इरादा भी तो पक्का चाहिये।
टूट कर शीशा जुड़ा है क्या कभी
टूट जाए तो न रोना चाहिए।
झूठ की बुनियाद पर है जो टिका
वो महल हमको तो कचरा चाहिए।
विष वमन कर जो हवा दूषित करे
उस जुबाँ पर ठोस ताला चाहिए।

44. नफरतों को छोड़

नफरतों को छोड़ लगता पास चल कर आ गए
हो न कुर्सी दूर फिर, वो दल बदल कर आ गए।
जंगलों पे राज करने का जुनूँ जो सर चढ़ा
शेर जैसी शक्ल में गीदड़ भी ढल कर आ गए।
इश्क में देखो उन्होंने यूँ निभाई है वफ़ा
चाहने वाले के सारे ख़्वाब दल कर आ गए।
ठंड की जो चाह में उन तक गए ले मन-बदन
गुप्त शोलों में वो बस चुपचाप जल कर आ गए।
सामने कमजोर प्राणी उनको जो दिखने लगा
है गज़ब सारे शिकारी ही मचल कर आ गए।

45. बहकता दिल ज़रा इस फरवरी में

ये देखा और' सुना इस फरवरी में
बहकता दिल ज़रा इस फरवरी में।
किसी की कोशिशें कुछ काम आई
कोई जम कर पिटा इस फरवरी में।
दिखावे में ढली है जिंदगी बस
रहे सच से जुदा इस फरवरी में।
मुहब्बत को समेटा है पलों ने
हुआ ये क्या भला इस फरवरी में?
कहीं पर नेह की कोंपल भी फूटी
किसी का दिल जला इस फरवरी में।
करो कुछ याद उनको जो गये हैं
वतन पर जां लुटा इस फरवरी में।

46. नमक मसाले से बनती तरकारी है

नमक मसाले से बनती तरकारी है
सच मानों यह असली दुनियादारी है।
देख सलीका नकली बातें करने का
असली पर ही पड़ जाता कुछ भारी है।
छेदों से ही जिसकी है औक़ात यहाँ
छलनी ही समझाती, क्या खुद्दारी है?
होते हों कितने भी पहलू बातों के
हम समझेंगे जितनी अक्ल हमारी है।
तुम मानों जो तुमको अच्छा है लगता
हम मानेंगे बात जो हमको प्यारी है ।
आज लबादे में लिपटे अल्फ़ाज़ सभी
जिनको सुनना जनता की लाचारी है।

47. पत्थरों पे हैं इल्जाम झूठे सभी

अब नए फूल डालों पे आने लगे,
और भ्रमर फिर ख़ुशी से हैं गाने लगे।
पत्थरों पे हैं इल्जाम झूठे सभी,
राही के भी कदम डगमगाने लगे।
रहबरी तीरगी की जो करते रहे,
अब वो सूरज को दीपक दिखाने लगे।
वादा वो ही किया जो था तुमने कहा,
घोषणा क्यों चुनावी बताने लगे।
जिनकी आँखों पे सबने भरोसा किया,
वक्त आने पे सारे वो काने लगे।
भैंस बहरी नहीं सुन समझ लेगी सब,
बीन ये सोच कर फिर बजाने लगे।

48. रहो नजदीक लेकिन दूर होना

नहीं अच्छा है यूँ मजबूर होना,
रहो नजदीक लेकिन दूर होना।
कली हो कुछ समय तक ठीक है, पर
नहीं अच्छा चमन, मगरूर होना।
अँधेरों में उजालों को दे रस्ता
चिरागों का न थकना चूर होना
कोई कहता है ये वरदान ही है,
खले लेकिन किसी को हूर होना।
अभी सूखा नहीं रख ले तसल्ली
दिखेगा ज़ख्म का नासूर होना।
तेरे अंदर छुपा जो जीत का दम,
क्यूँ बाकी है तुझे मंजूर होना।

49. जानते हैं तुम में ताकत हो गयी है

जानते हैं तुम में ताकत हो गयी है,
और किस-किस पे ये आफत हो गयी है।
झूठ है जो, झूठ बिन कुछ भी नहीं, पर
अब जमाने में सदाक़त हो गयी है।
जब चमन का फूल होने का भरो दम,
क्यों चमन से ही अदावत हो गयी है?
जिस्म पर ठंडा लबादा, आग मुँह में,
जिसने रक्खे उसकी शुहरत हो गयी है।
कौम के अच्छे की खातिर काम हो अब,
छोड़ दो काफ़ी सियासत हो गयी है।
हर खुशी पर, मेरी बोलो तो भला क्यों,
तुमको बस रोने की आदत हो गयी है?

50. खुद को पा लेने की घड़ी होगी

खुद को पा लेने की घड़ी होगी,
वो मयस्सर मुझे कभी होगी।
हाथ से हाथ को छू लेने से
दिल की सिलवट भी खुल गयी होगी।
याद लिपटी है उसकी चादर-सी,
देह लाज़िम मेरी तपी होगी।
उसके बिन मैं सँभल चुका हूँ अब,
मस्त उसकी भी कट रही होगी।
बोल ज्यादा मगर सभी मीठे,
आज भी वैसे बोलती होगी?
तब शरारत ढकी थी चुप्पी में,
आज भी उसको ढाँपती होगी।
दिल में कोई चुभन हुई मेरे,
उसकी आँखों में कुछ नमी होगी।

51. पृष्ठ बाकी, हिसाब बाकी है

देख लीजे ज़नाब बाकी है,
पृष्ठ बाकी, हिसाब बाकी है
तेरे खंजर का ताब_1 है आखिर
अपना फिर भी तनाब_2 बाकी है
दीप दमका तो मिच-मिचाते हो,
आना जब आफ़ताब बाकी है
चंद अल्फ़ाज पढ़ के रोते हो,
पढ़ना पूरी क़िताब बाकी है।
रौंदने वाले कर लिया पूरा,
अपना लेकिन ये ख़्वाब बाकी है।
'बाल' अच्छा कहाँ यूँ चल देना,
जब कि काफ़ी शराब बाकी है।

1 ताब: ज़ोर
2 तनाब: रस्सा

52. तेरे गम के निशानों को बता दे कौन समझेगा?

तेरे सच्चे बयानों को बता दे कौन समझेगा,
तेरे गम के निशानों को बता दे कौन समझेगा?
यहाँ महलों से होती हैं हमेशा बात की कोशिश,
भला कच्चे मकानों को बता दे कौन समझेगा।
हुई है कीमती नफ़रत, बनी व्यापार का सौदा,
मुहब्बत के ठिकानों को बता दे कौन समझेगा।
बदलते पक्ष ये झट-से, फिसलते एक बोटी पर,
अडिग रह लें, जो आनों को बता दे कौन समझेगा।
जिन्होंने 'बाल' सोचा था करें कुछ देश की खातिर,
शहीदों को व जानों को बता दे कौन समझेगा।

53. कौन कहता है खुशी मिट जाएगी?

कौन कहता है खुशी मिट जाएगी?
हौसले से तीरगी मिट जाएगी।
है भरम बस धूल आँधी के समय,
शांत होते ही कमी मिट जाएगी।
चोर चोरी भी तो मिहनत से करे,
कर ले मिहनत, गंदगी मिट जाएगी।
एक होता दूसरे खातिर फिदा,
फिर कहा क्यों जिंदगी मिट जाएगी?
'बाल' कर अल्फ़ाज़ से तू दोस्ती,
तेरी तन्हा बेबसी मिट जाएगी।

54. मिर्च कोई आग पर बोता है क्या

मिर्च कोई आग पर बोता है क्या,
लोन-पानी ज़ख्म को धोता है क्या।
हो रहा जो अब भले होता है क्या,
कोई अपने आप को खोता है क्या।
बेबसी को तू हटा औज़ार बन,
इसका दामन थाम कर रोता है क्या।
इश्क़ करता, सब्ज़ धरती देख ले,
बीज इसका तू कभी बोता है क्या।
'बाल' चुप्पी साध लेना जुर्म पर,
जुर्म से खुद कम कभी होता है क्या।

55. सभी हैं साथ कह कर हौसला दो

सभी हैं साथ कह कर हौसला दो,
सही सब हो ही जाएगा दुआ दो।
ज़रा-सी ओट कर बैठा अँधेरा,
चलो हम रोशनी लाएं बता दो।
सियासत आदमी खातिर जनी है,
अगर कातिल है मत उसको हवा दो।
गिरेगी धूल अम्बर में चढ़ी जो,
ज़रा औकात क्या उसको बता दो।
गलत वो था गलत ये अब हुआ है,
बहाने कर न गलती को दबा दो।
ये उल्फत चीज कैसी 'बाल' होती,
इसे दिल में सजा खुद को सज़ा दो।

56. आदमी में आदमी अब मर रहा है

रोग ऐसा अब यहाँ घर कर रहा है,
आदमी में आदमी अब मर रहा है।
कोई दौलत से खरीदे जिंदगी क्या,
आब कोई जब दवा में भर रहा है।
ख़ौफ़ फैलाना रहा व्यापार जिसका,
आज अच्छे से इसे वो कर रहा है।
खुद अमल करना नहीं आदत में शामिल,
दोष लेकिन दूसरों पर धर रहा है।
'बाल' कर लेना सियासत बाद में तुम,
दूर कर लो जो दिलों में डर रहा है।

57. हाथ में आकर रुका सबके जुआ

हाल दुनिया ,अब तेरा ये क्या हुआ,
हाथ में आकर रुका सबके जुआ।
जिसको अपना मानते आदर्श लोग,
नाश का वह पथ दिखाता है मुआ।
साथ इस पर वक़्तो जऱ जाया करें,
फ़ोन का पट सट्टे ने आकर छुआ।
जिंदगी कैदी ये अँगुली की हुई।
छूटने को काम करती क्या दुआ।
'बाल' डर है रोग खुद सबसे बड़ा,
हिम्मती हर रोग से अच्छा हुआ।

58. दर्द लगता ज़ख्म पर भारी हमेशा

दर्द लगता ज़ख्म पर भारी हमेशा,
जख्म भर जाने पे भी जब ये न जाता।
खौफ़ से खुद की बना के रख ले दूरी,
रोग की जो उम्र को दिखता बढ़ाता।
मन करे तो क्या कठिन है राहे मंजिल,
टूटे मन से कौन मंजिल को है पाया।
जाना तय है हर किसी का वक्त पर ही,
कर्म अच्छे हों मगर डर कर न जीना।
तेरे कारण फैल क्यों पाए बिमारी,
'बाल' गर खुद को सँभाले जग सँभलता।

59. बीज-सा सुन लो न बोना वाइरस

जान कर अनजान होना वाइरस,
बढ़ रहा है फिर करोना वाइरस।
मास्क से तुम मुँह ढको औ नाक भी
कारगर माने ये टोना वाइरस।
'दूर मुझसे चाहते रहना अगर',
कह रहा यह हाथ धोना वाइरस।
भीड़ को ही मानता है यह शिकार,
बीज-सा सुन लो न बोना वाइरस।
'बाल' लग अब है रही वैक्सीन भी,
होश रक्खो तो न होना वाइरस।

60. बाँध पट्टी अक्ल पर

बाँध पट्टी अक्ल पर जो भी किया कुछ भी नहीं,
खोद कर पर्वत भी तुझको क्या मिला कुछ भी नहीं।
जी लिए हैं पल तुम्हारे साथ जो, सदियाँ हुए,
क्यों कहूँ फिर जिंदगी से, मैं जिया कुछ भी नहीं?
एक सू जगमग हैं रातें एक सू अँधियार है,
फर्क इतना हो गया पर, फर्क क्या कुछ भी नहीं।
फैलता है रोग कोई क्या चुनावी भीड़ से,
ये जरूरी है बहुत इसके सिवा कुछ भी नहीं।
'बाल' झड़ते आज कल अब मुफलिसी में ही अधिक,
अब अमीरी से है इनका राबता कुछ भी नहीं।

---

61. अपनेपन की बातें

कौन किसी से कर पाता है अपनेपन की बातें,
कुछ मन में ही दब कर रह जाती हैं मन की बातें।
लाख बुराई इससे हमको सुनने को मिल जाती,
लेकिन मन से ओठों तक आ जाती धन की बातें।
दिल पत्थर का इक जंगल है, आँखें सूनी-सूनी,
खाली सपने लगती हैं अब वन-उपवन की बातें।
बेशक रंगों के कब्ज़े में धरती के टुकड़े हैं,
पंछी का मन कर लेता है पागलपन की बातें।
भोलेपन से सबके दिल में स्थान बना लेती हैं,
जब-जब खूब समझ से होती हैं बचपन की बातें।
'बाल' गढ़ो शब्दों को ऐसे, दूर तलक पहुँचा दें,
पूरी तेरे मन की बातें और' जन-जन की बातें।

62. दमकती भोर, खिलती धूप

दमकती भोर, खिलती धूप, ढलती शाम है औरत,
बशर की जिंदगी का इस जहाँ में नाम है औरत।
किसी को पल मिले कोई दिवस भर तफरी कर लेता,
बिना अवकाश के करती रहे जो काम, है औरत।
रुकावट क्या, थकावट क्या समझती जानती है सब,
मगर फिर भी लगी रहती सुबह-ओ-शाम है औरत।
ज़रा-सा प्रेम पा कर ही भुला दे दर्द यह सारे,
मुहब्बत का हक़ीक़ी देख लो पैग़ाम है औरत।
हिमालय 'बाल' कद इसका समंदर-सी है गहराई,
इरादों ओ विचारों का बुलंदी नाम है औरत।

63. खुद को मेरा हमदर्द बताने वाले

खुद को मेरा हमदर्द बताने वाले,
देखे मैनें कुछ जख्म दे जाने वाले।
आबे गर्दिश को पीकर जी लेते हैं,
गुल होठों पर मुस्कान ले आने वाले।
मौसम आते ही ये दिखने लगते हैं,
मेंढक सूखे में गुम हो जाने वाले।
इनके अल्फ़ाज़ की होती है कीमत क्या,
बूझ नहीं सकते कभी चुकाने वाले।
अबकी अच्छाई से 'बाल' पकें मन से,
अब अच्छे लगते हैं बुरे, पुराने वाले।

64. कहीं पर प्यार पाने में जमाने बीत जाते हैं

कहीं पर प्यार पाने में जमाने बीत जाते हैं,
कहीं उसको निभाने में जमाने बीत जाते हैं।
किसी के पाँव के नीचे बिछे हैं फूल राहों पर,
कहीं काँटें हटाने में जमाने बीत जाते हैं।
जिसे हम छोड़ देते एक पल की एक गलती से,
उसे अपना बनाने में जमाने बीत जाते हैं।
कटी है जिंदगी जिसकी सभी का पेट भरने में,
निवाला खुदको पाने में जमाने बीत जाते हैं।
कलाकारी सियासत 'बाल' बस अल्फ़ाज़ की करती,
मुक़म्मल बात लाने में जमाने बीत जाते हैं।

65. आँखों से जो इश्क निभाया जाता है

आँखों से जो इश्क निभाया जाता है
उसमें अक्सर धोखा खाया जाता है।
आँखें धमकी देती भी दिख जाती हैं,
आँखों से ही प्यार जताया जाता है।
आँखें पिटवा देती हैं चौराहे पर,
फिर आँखों से मरहम लाया जाता है।
आँखों की आँखों से समझ बनाकर ही,
हर उलझा रिश्ता सुलझाया जाता है
अपने गम में बाप गधे को कह लेते
कोई पप्पू पास कराया जाता है।
'बाल' धूप में नहीं पके हैं कह-कह कर,
औरों पर कुछ रौब जमाया जाता है।

66. वक्त पर हर शख्स की दरकार है रोटी

वक्त पर हर शख्स की दरकार है रोटी
जिंदगी है जिंदगी से प्यार है रोटी।
जुस्तजू में इसकी बीतें रात दिन सबके,
हर किसी का देख कारोबार है रोटी।
जन्म लेता ख़्वाब वादों से किसी का है,
खुद रियाया और खुद सरकार है रोटी।
सब्र के यह बाँध को मजबूत करती है
तोड़ती है खुद उसे, तकरार है रोटी।
अपनों से इंसान को यह दूर कर देती
जोड़ने वाली मगर, दरआर है रोटी।
'बाल' कितने संघर्षों की कहानी है,
फूल रोटी, गन्ध रोटी, ख़ार है रोटी।

67. किसी का छुपा राज़ है जिंदगी

किसी का छुपा राज़ है जिंदगी
कहीं गूँजता साज़ है जिंदगी।
मुहब्बत सभी को इसी से, मगर
ये होती दगाबाज़ है जिंदगी।
जो मानो तो इसपे टिका है जहाँ
न मानो तो बस गाज़ है जिंदगी।
सँभालो इसे ठीक से ही सभी
बड़ा कीमती ताज़ है जिंदगी।
हवा-सी कई बार उड़ती दिखे,
जमीं से क्यों नाराज़ है जिंदगी।
कहीं धूल को फांकती तू रहे,
किसी की तू परवाज है जिंदगी।

68. बढ़ी क्यों बात सुलझाओ

बढ़ी क्यों बात सुलझाओ कि घर अपना है,
यहाँ ओखल भी अपना और सर अपना है।
मुखालिफ़ है, अकड़ कर रोज़ झगड़ा करता,
दबाता है मेरी आवाज, पर अपना है।
महंगा हो या सस्ता हो खरीदो जी भर,
विदेशी माल बेशक, उस पे कर अपना है।
रसोई छोड़ सड़कों पर करे अगुवाई,
सिलेंडर ही तो नेता है, अगर अपना है।
लगा है 'बाल' अब मेला, बिके गिनती ही,
अगर सर साथ अपने हैं, असर अपना है।

69. बुझते-बुझते आग

जांच लिया जब तूने तेरी साख में लगी,
बुझते-बुझते आग दुबारा राख में लगी।
साज़िश के शिकार आज भी पांडव हो रहे,
दुर्योधन से फिर चिंगारी लाख में लगी।
सदियाँ जिससे झेलती आई हैं गर्दिशें,
चाबुक की मार, मान लें क्यों पाख में लगी।
इसने पूरे दरख़्त को ही ख़ाक कर दिया
फ़र्क क्या है जड़ में लगी, या शाख में लगी।
'बाल' हिल गयी धरती जब मालूम यह हुआ,
सेंध बड़ी-सी कैसे किसी सुराख़ में लगी।

70. अपनों का अपनों से ही डर देखा है

अपनों का अपनों से ही डर देखा है,
हमने ऐसा भी इक मंजर देखा है।
भूख बिलखती देखी है चौराहे पर,
और दारू का बँटता लंगर देखा है।
जिनकी रक्षा खातिर हों हथियार खड़े,
उनके डर से बनते बंकर देखा है।
भावुक होकर भेंट चढ़े जो साज़िश की,
वह भोलापन उलझा अक्सर देखा है।
नहीं समय पर लाभ उठा पाए कोई,
हाथों से फिर जाता अवसर देखा है।
एक कबीला चाहे सब पर हक़ अपना,
औरों का भी कुछ हक़ उस पर देखा है।
नहीं पचा पाता है जिसको हर कोई,
सच में हमने सच का अंतर देखा है।
'बाल' उलझ कर भी तो बातें सुलझी हैं,
और सुलझन का जज़्बा दर-दर देखा है।

71. न अपना हाल ही देखा

न अपना हाल ही देखा न घर देखा,
कि जब भी देखा हमने बस सफर देखा।
लगा है ज़ोर रोटी को कमाने में,
न उसको चैन से ही तोड़कर देखा।
सियासत में रहा हूँ मैं सदा जुमला,
सियासतदान के जो होठों पर देखा।
जिसे भी मैं समझता साथ है मेरे,
बदल जाती है बामौक़े नज़र देखा।
कलम कागज़ सलाखों-से लगे मुझको,
इन्हीं में 'बाल' कैदी अपना सर देखा।

72. हर जुबाँ पर, कान पर पहरा

यंत्र-सा चालित हरिक सीधा हुआ है,
हर जुबाँ पर, कान पर पहरा हुआ है।
उलझनों में ही लता की जिंदगी जब,
अंग हर इक पेड़ से लिपटा हुआ है।
गर सिरा हाथों में आया तो गया सब,
इस लिए धागा यहाँ उलझा हुआ है।
खेत भी अब बँट रहा है कुछ दलों में,
यूँ सियासत का नया चोगा हुआ है।
जान लो ये सत्य की ही जीत होती,
'बाल' उसका क्या कभी बाँका हुआ है।

73. कूचे-कूचे मचता शोर

कूचे-कूचे मचता शोर, सारे चोर
नहीं बात का जिनकी छोर, सारे चोर।
मौके को देख बदलते जो जामा,
बोल बदलते पाकर ठोर, सारे चोर।
आग न हो, जिनका धंधा मुक जाता
सुलगाने को लगता ज़ोर, सारे चोर।
स्वार्थ सिदि्ध में होकर नाकाम कहें,
तुम ताकतवर, हम कमज़ोर, सारे चोर।
देश तोड़ना बस रोजी है इनकी,
जितने भी ये टुकड़ाखोर, सारे चोर।
'बाल' जुबाँ उगले मीठा विष जिनकी,
आदिम हैं पर, आदमखोर, सारे चोर।

74. छोटी लौ ले दीपक तैयार है खड़ा

हर आँधी से लड़ने को देख लो अड़ा,
छोटी लौ ले दीपक तैयार है खड़ा।
नभ नापा है अक्सर उसने उड़ान भर,
जिस बाल-परिंदे का संघर्ष था बड़ा।
सारे वन के प्राणी पीछे-पीछे हो लिए,
लाभ कमाने आगे-आगे, कुटिल धड़ा।
आग में कमी होना भाता नहीं उसे,
लेकर वह घी की बाल्टी फिर निकल पड़ा।
जितनी लड़ी लड़ाई काफ़ी, नहीं अभी,
चीड़ी, शातिर बाज से संघर्ष है कड़ा।

75. मेरे दिल की ये प्यास रहने दो

थोड़ा-थोड़ा उदास रहने दो,
मेरे दिल की ये प्यास रहने दो।
लौट कर घर मुझे है जाना अभी,
कुछ तो होश-ओ-हवास रहने दो।
ये जो गम जिंदगी रहा मेरी,
मेरे ही आस-पास रहने दो
ये न भटके कहीं समंदर में,
मेरी कश्ती में लास रहने दो
एक टीका नज़र का ये होगा
रिश्ते में कुछ खटास रहने दो।

76. नम होकर भी निर्जल हो क्या

नम होकर भी निर्जल हो क्या,
धूल धुएं का बादल हो क्या?
अंदर धीमे-धीमे उठती,
परिवर्तन की हलचल हो क्या?
दबकर धीरे-धीरे सुलगे,
तुम अंगारे नक्सल हो क्या?
क्यों भूलें हम तुमको बोलो,
कोई बुरा गुजरा पल हो क्या?
आवाज़ मुड़े टकरा तुमसे,
हो पत्थर, या फिर शल हो क्या।
हर चश्म दुखी तुमको पाकर,
तुम ज़हरीला काज़ल हो क्या।
'बाल' उलझकर होता जिसका,
बोलो वो ही आँचल हो क्या।

77. जिस्मो दिल के अज़ाब से पानी

जिस्मो दिल के अज़ाब1 से पानी
तेरे जुल्मो-हिसाब से पानी।
प्यास खुद ढूंढ कर ले आती है
गहरे जाकर किताब से पानी।
शाह तेरे सवाल के बदले
लगता बहतर जवाब से पानी।
आज पत्थर पिघल गया है, या
रिसता खाली नक़ाब से पानी।
आग उस पल असल लगी समझो
निकला जब आफ़ताब से पानी।
'बाल' तिशना जमाने की देखो,
थोड़ा जिसके हिसाब से पानी।
1 अज़ाब: पीड़ा, कष्ट, यातना आदि

78. जीवन की तस्वीर सँभाले बैठे हैं

जीवन की तस्वीर सँभाले बैठे हैं,
सारी खुशियाँ, पीर सँभाले बैठे हैं।
राँझा जिसके मन ही मन बन बैठे थे,
यादों में वह हीर सँभाले बैठे हैं।
नंगे तन रहने वाले शहज़ादे थे,
अब पूरी जागीर सँभाले बैठे हैं।
साहू के बोलों से सीने में धँसते,
बापू-भाई तीर सँभाले बैठे हैं।
हम मैदाने जंग बनाकर कागज़ को,
हाथों में शमसीर सँभाले बैठे हैं।
'बाल' तुम्हारे सच्चे हैं शुभचिंतक जो,
आफ़त में तदबीर सँभाले बैठे हैं।

79. तेरी बस याद आने से

तेरी बस याद आने से सभी दुःख-दर्द टलते हैं।
तेरे ही नाम पे जीवन यूँही हम काट चलते हैं।
गमों का दौर है आया नहीं सुख अब दिखाई दे
उन्हीं में डूब कर अबतो सभी दिन-रात ढलते हैं।
यहाँ जो भी मुकम्मल है हिफ़ाज़त को जमाने की
उसी के जेहन में देखो गलत अरमान पलते हैं।
कभी सोचा नहीं जिसने हो जाए अम्न ही कायम
लिए उम्मीद फिर उसकी उसी के पास चलते हैं।
अदाकारी में जो माहिर समझ में वे नहीं आते
कभी तोला कभी माशा बहुत जल्दी बदलते हैं।
जिन्होनें बे रहम बनकर हमें बीमार कर डाला
बनें नादाँ हमारी वो इयादत1 को मचलते हैं।
   1 इयादत: रोगी का हाल-चाल लेने जाना

80. शरारत कर वो तेरा मुँह बनाना

शरारत कर वो तेरा मुँह बनाना याद आता है
कि पहले रूठना फिर मान जाना याद आता है।
कभी तो प्यार की बोली ने मिश्री कान में घोली
कभी झूठे से झगड़े से सताना याद आता है।
बिताया हम कभी करते तुम्हारे साथ जो लमहे
उन्हीं में गूँजता दिल का तराना याद आता है।
हुआ करते कभी हम भी अगर गमगीन थोड़े से,
वो कर नादानियां हमको हँसाना याद आता है।
हमेशा ही बनाते तुम हमारे पास आने को
तुम्हारा आज हर इक वह बहाना याद आता है।
गुमाँ गर इश्क गर्दी का नहीं समझे किसी को कुछ,
लगे ज्यों 'बाल' इक ठोकर जमाना याद आता है।

81. हमारा हक़ दबाने की जो नीयत

हमारा हक़ दबाने की जो नीयत और हो जाती
मुखालिफ लोग हो जाते बगावत और हो जाती।
कुचल डाले सभी घर जो सताइश के बहाने से
लगा देते अगर तुम आग रहमत और हो जाती।
तुम्हारा ये तग़ाफ़ुल ही मिरे दिल को सुहाता है
अगर होती मुहब्बत फिर तो आफत और हो जाती।
हमें मालूम ठगते हो बहानों से सभी को तुम
यकीं करते तुम्हारा तो कयामत और हो जाती।
चरागों को जलाया है तो राहों पर भी धर देते
जहाँ सबकुछ हुआ इतनी इनायत और हो जाती।
खिलाते 'बाल' जिनके नाम पे तुम श्राद्ध कौओं को
अगर खिदमात की होती इबादत और हो जाती।

82. नहीं हो जाम इक कतरा बहुत है

नहीं हो जाम इक कतरा बहुत है
नशा जब आँखों में बसता बहुत है।
लगेगा झूठ सच मेरी ज़ुबाँ से
तुम्हें जब झूठ ही पचता बहुत है।
फलेगी झूम कर देखो ये खेती
पड़ा जो अब्र से टपका बहुत है।
नहीं महलों की अब मुझको जरूरत
गुजर को झोंपड़ा होता बहुत है।
सुनों अब छेड़ता हूँ मैं तराना
वही इक जो तुम्हें प्यारा बहुत है।
मिले दौलत न ये होता जरूरी
बड़ों का सर पे बस साया बहुत है।
मुनासिब तो नहीं थक के ठहरना
सफर बाकी है औ चलना बहुत है।
नहीं छुपता कभी इससे है कोई
ये दिल का आइना सच्चा बहुत है।
मिली तुझको क्यों 'राणा' बेवफ़ाई?
वफ़ा का जब तेरी किस्सा बहुत है।

सतविन्द्र कुमार राणा 'बाल'

83. तीरगी में जिसका सर डूबा हुआ है

तीरगी में जिसका सर डूबा हुआ है
रौशनी में उसका घर डूबा हुआ है।
जो दिया है गैर को अपना समझ कर
सोचले वो तेरा जऱ डूबा हुआ है।
हाड अपने पीसता दिन रात ही जो
कर्ज़ में वो कामगर डूबा हुआ है।
तय किया पर मंजिलें मिलती नहीं हैं
यार सबका ही सफ़र डूबा हुआ है।
'बाल' कोई जिसका रुतबा है बहुत पर
पाँव क्या उसका तो सर डूबा हुआ है।

84. जिनको पूरा करना चाहा

जिनको पूरा करना चाहा ख़्वाब पुराने याद आए,
मिहनत से अपनी लिखता था सब अफ़साने याद आए।
हर गम, हर सुख में मेरे ,साथ हमेशा रहते थे जो,
मुझको आज सभी मेरे वे यार सयाने याद आये।
झूठ-मूठ का लड़ना फिर घण्टों की वो मान मनोवल,
आज हमें बचपन के अपने सब अफ़साने याद आए।
ईमान यहाँ तैयार रहा कुछ टुकड़ों में बिकने को,
देकर दुनिया दीन खरीदे वे नज़राने याद आए।
'राणा' जिनको भूल गया था दुनियादारी में पड़कर,
इक बच्चे के मुख से सुनकर आज तराने याद आए।

85. जन्म लेते रहने की ही लालसा है

जन्म लेते रहने की ही लालसा है,
मोक्ष का आँचल नहीं लगता भला है।
बीज बन कर मैं समाऊं फिर जमीं में,
वृक्ष बन संताप हर लूँ कल्पना है।
शाख जलकर, कम करे ठिठुरन किसी की,
भूख को फल, ताप पत्ती, वायदा है।
बादलों को देख कर तन झूम लेता,
भूमि को लेकिन जड़ों से थामना है।
'बाल' जाना और जाकर लौट आना,
बहतरीं इससे भला क्या सिलसिला है।

86. लगने ऐसा लगा है

हम समझते रहे क्या से क्या जिंदगी,
सुख है तू या है कोई बला जिंदगी।
इक भिखारिन को इक चौक पर देखकर,
लगने ऐसा लगा है सज़ा जिंदगी।
मस्त हो बेवड़ा ज़ाम भर ये कहे,
आसाँ तुझसे भी है कुछ भला जिंदगी।
हर सियासी यही मुँह चिढ़ा पूछता,
कद्र क्या ज्ञान की है बता जिंदगी।
एक घर चिन रहा इक जुटा खेत में,
'बाल' मिहनत का है फ़लसफ़ा जिंदगी।

87. दर्द जो अल्फ़ाज़ बनते देख ले

दर्द जो अल्फ़ाज़ बनते देख ले,
एक दम तू आज पढ़ के देख ले।
आँख से ओझल बहुत कुछ है यहाँ,
क्या छुपाए रखते पर्दे देख ले।
खुल गया है कब्र का मुँह ये बड़ा,
माँगती मुर्दे ही मुर्दे देख ले।
ये घड़ी भारी हुई चलती नहीं,
हाथ हिलते धीमे-धीमे देख ले।
'बाल' होते दर्ज अब तारीख में,
पल मिनट औ घण्टे सारे देख ले।

88. जिनके इल्ज़ाम मेरे सर बैठे

उनकी फितरत है या वो डर बैठे,
ठोक के सीना भी मुकर बैठे।
हो मुबारक उन्हें बरी होना,
जिनके इल्ज़ाम मेरे सर बैठे।
चोट कितनी बड़ी पड़े सहनी,
सर को ओखल में हम जो धर बैठे।
दाल अपनी गली नहीं लेकिन,
दूसरों के कतरने पर बैठे।
अब मसाइल सुलझ गए समझो,
कल इधर थे जो अब उधर बैठे।
वक्त मुश्किल है कट ही जाएगा,
'बाल' हिम्मत से तू अगर बैठे।

89. गर पढ़ लें तो कोई किस्सा होता है

गर पढ़ लें तो कोई किस्सा होता है,
परछाई को जिसने कहना होता है।
एक शमा से जो उजियारा होता है,
वो परछाई को भी प्यारा होता है।
दिख जाती खामोश हमें तस्वीर छपी,
शोर मग़र उसका ही गहरा होता है।
बरगद को ही देख न धोखा खा लेना,
आड़ लिए कोई झाड़ खड़ा होता है।
खिड़की खड़के, दरवाज़े की चरमर हो,
सबको अपना दुखड़ा रोना होता है।
रात घनी गहरी हो जाए बादल से,
'बाल' तभी जुगनू का पहरा होता है।